BEI GRIN MACHT SICH IHR WISSEN BEZAHLT

- Wir veröffentlichen Ihre Hausarbeit,
  Bachelor- und Masterarbeit

- Ihr eigenes eBook und Buch -
  weltweit in allen wichtigen Shops

- Verdienen Sie an jedem Verkauf

Jetzt bei www.GRIN.com hochladen und kostenlos publizieren

Bibliografische Information der Deutschen Nationalbibliothek:

Die Deutsche Bibliothek verzeichnet diese Publikation in der Deutschen National-
bibliografie; detaillierte bibliografische Daten sind im Internet über http://dnb.d-
nb.de/ abrufbar.

Impressum:

Copyright © 2011 GRIN Verlag, Open Publishing GmbH
Druck und Bindung: Books on Demand GmbH, Norderstedt Germany
ISBN: 9783668263741

Dieses Buch bei GRIN:

http://www.grin.com/de/e-book/336626/selbstgewissheit-gottgewissheit-und-cogito-
ergo-sum-in-meditationes

Danielle Ackermann

Selbstgewissheit, Gottgewissheit und "Cogito ergo sum" in "Meditationes de Prima Philosophia" von Rene Descartes

GRIN Verlag

Inhalt

1 Einleitung

René Descartes, der am 31. März 1596 im französischen La Haye (Touraine) geboren ist, verfasste die als eine Art Monolog abgefassten "Meditationes de Prima Philosophia" ("Meditationen über die Erste Philosophie") im Jahr 1641. Dabei handelt es sich um eines seiner philosophischen Hauptwerke, auf das ich in dieser Arbeit näher eingehen möchte. Vor allem das vielfach zitierte und interpretierte „Cogito, ergo sum", das „Ich denke, also bin ich", welches sich nicht einmal wortwörtlich [1] in den "Meditationes de Prima Philosophia, in qua Dei existentia et animae immortalitas demonstratur" [2], wie der ausführliche Titel der Ausgabe von 1641 lautet, finden lässt, soll mich in meinen weiteren Ausführungen beschäftigen.

So werde ich versuchen, René Descartes gedanklichen Weg zu verfolgen, den er gegangen ist, um zur Gewissheit des Selbst zu gelangen. Beginnend mit Descartes' Ausgangspunkt des methodischen Zweifels, den ich im ersten Teil dieser Arbeit beleuchten möchte, gehe ich darauf folgend näher auf das ein, was Descartes überhaupt unter „Existenz" versteht und was „sein" für ihn bedeutet. Im Anschluss soll die Frage geklärt werden, ob die für Descartes erste Gewissheit, nämlich die eigene Existenz wirklich so unbezweifelbar -wie zunächst angenommen- ist, bevor ich verschiedene Interpretationsansätze des „Cogito, ergo sum" aufzeigen werde. Danach möchte ich in meinem vorläufigen Fazit das bis dahin Gesagte resümieren, um im letzten Teil abschließend auf die Gottesgewissheit einzugehen. Dieser letzte Schritt soll das Argument "Cogito, ergo sum", die erste Gewissheit, in den richtigen Zusammenhang stellen, um sie schließlich in ihrem ganzen Sinn erfassen zu können.

---

[1] Die wörtliche Formulierung findet sich unter anderem im "Discours": DESCARTES, R., Discours de la Méthode, in: Adam, C. und Tannery, P. (Hg.), Oeuvres de Descartes, Bd. VI, Paris 1902, S. 1 - 366.

[2] DESCARTES, R., Meditationes de Prima Philosophia. Meditationen über die Erste Philosophie, Lateinisch-Deutsch, übersetzt u. herausgegeben v. G. Schmidt, Stuttgart 1986, S. 21. Im Folgenden: Meditationes.

2 Ausgangspunkt

Nach einer "Vorrede an den Leser" (*Praefatio ad lectorem*) und einer "Zusammenschau" (*Synopsis*), einem Überblick über Inhalt und Gedankengang seines Werkes, beginnt Descartes in der ersten "Meditatio" (von insgesamt sechs) mit der Aufzählung dessen, woran man alles zweifeln kann, und mit der Begründung, weshalb man dies kann, um schließlich im Zentrum der zweiten "Meditatio" mit Gewissheit und ohne Zweifel zu sagen "Ego sum, ego existo" ("Ich bin, Ich existiere")[3].

Ansatzpunkt für Descartes' Philosophie wie auch Ausgangspunkt für seine Überlegungen in den Meditationen ist der Zweifel. Voraussetzung für den Zweifel ist zum einen, dass es erkennbare Wahrheit als solche gibt, und zum anderen, dass die "grundsätzliche Möglichkeit eines (zu realisierenden) Denkens, in welchem Wahrheit sicher erfasst wird (Erkenntnis)" besteht. Denn, "wenn ich sage, daß ich zweifle, sage ich ipso facto zugleich: es gibt Wahrheit als solche (und dadurch Falschheit), und [...] es gibt Erkenntnis".[4] Eine weitere Bedingung, die das Zweifeln erst ermöglicht, ist die Freiheit des Urteilens, die Descartes ebenfalls als gegeben voraussetzt.[5]

Kennzeichnend für den Zweifel ist zunächst seine Radikalität. Descartes stellt alles, in der wörtlichen Bedeutung an die Wurzel gehend, grundlegend, in Frage. Er will einmal in seinem Leben "von Grund auf alles umstürzen". Da er aber nicht alles, was falsch ist, einzeln durchgehen könne, schreibt Descartes, reiche es aus, wenn er in einer jeden der "nicht ganz gewissen und zweifelsfreien Ansichten [...] irgendeinen Anlaß zum Zweifeln finde".[6]

Weiter argumentiert er, dass "bei der Untergrabung der Fundamente alles, was darauf aufgebaut ist, von selbst zusammenstürzt". Deshalb werde er unmittelbar die Fundamente, die Prinzipien selbst angreifen. Descartes' Zweifel wird in Bezug auf seinen umfassenden Charakter oft auch universaler Zweifel genannt. (Fast) alles wird bezweifelt, die gesamte erscheinende Außenwelt ebenso wie die Begriffe und Formen der Umgangssprache.[7]

Der Descartes'sche Zweifel lässt sich außerdem mit den Bezeichnungen methodisch und

---

[3] Meditationes (II), S. 79.

[4] LAUTH, R., Descartes' Konzeption des Systems der Philosophie, in: Holzboog, G. (Hg.), Quaestiones. Themen und Gestalten der Philosophie 12, Stuttgart - Bad Cannstatt 1998, S. 54. Im Folgenden: LAUTH, Descartes' Konzeption.

[5] Vgl. ebd. sowie OEING-HANHOFF, L., Descartes. Die Neubegründung der Metaphysik, in: Speck, J. (Hg.), Grundprobleme der großen Philosophen. Philosophie der Neuzeit I, Göttingen 1986, S. 47. Im Folgenden: OEING-HANHOFF.

[6] Vgl. Meditationes (I), S. 63.

[7] Vgl. OEING-HANHOFF, S. 45.

metaphysisch charakterisieren. Das Zweifeln ist für Descartes kein willkürlicher, sondern ein methodisch geforderter und methodisch durchgeführter Akt. Methodisch heißt in diesem Zusammenhang, dass das Argumentieren in einem geordneten, systematischen Gedankengang zu erfolgen hat, dass etwas nur dann als wahr angenommen wird, wenn es evident als wahr erkannt ist, und dass die Argumentation auf Vollständigkeit beruhen soll.[8] Auch im Bereich der Philosophie lehnt sich Descartes an die ihm aus der Mathematik vertrauten Methode der Analyse an. So heißt es am Beginn der "Meditationes": "Darum konnte ich keine andere Methode befolgen als die in der Geometrie gebräuchliche, nämlich alles vorauszuschicken, von dem der in Frage stehende Satz abhängt, bevor ich aus demselben irgend etwas folgerte."[9]

Wichtig für die Einschätzung und die Bewertung des Descartes'schen Zweifels ist die Unterscheidung, dass dieser Zweifel nicht die Praxis, die Lebensführung, betrifft, sondern dass er sich auf die "reine" Wissenschaft bezieht und theoretischen Charakters ist. Descartes selbst unterscheidet zwischen "dem Zweifel, der den Verstand angeht, und dem, der den Willen angeht". Sein Zweifel ist, "in dem Sinne, wie er hier von ihm spricht, [...] nicht ein existentieller Zweifel des Glaubens"[10], sondern, wie erläutert, ein methodischer, "künstlicher" Zweifel, aber trotzdem ernsthaft und ernstzunehmend.[11]

Als den ersten Grund für das Zweifeln führt Descartes die unsichere Erkenntnis durch die Sinne an, die er "bisweilen auf Täuschungen ertappt" habe.[12] Das zweite Argument ist die Ungewissheit der Antwort auf die Frage, ob zweifelsfrei zwischen Traum oder Wahn einerseits und Wachen andererseits unterschieden werden kann.[13] Das dritte und stärkste Zweifelsargument bildet der Gedanke des Betrüger-Gottes, den Descartes vor allem gegen die vermeintliche Gewissheit von unveränderlichen Wahrheiten ins Spiel bringt: "Ich will also annehmen, daß nicht der allgütige Gott, der die Quelle der Wahrheit ist, sondern ein ebenso böser wie mächtiger und listiger Geist sein Bestreben darauf richtet, mich zu täuschen [...] und wenn es dann auch nicht in meiner Macht steht, etwas Wahres zu erkennen, will ich wenigstens [...] mich hüten, etwas Falschem zuzustimmen [...]."[14]

Doch Descartes setzt den Zweifel nicht mit der Absicht des Skeptikers ein, der alles in Frage stellen und relativieren will. Sein Ziel ist von Anfang an die Überwindung, das

---

[8]LAUTH, R., Transzendentale Entwicklungslinien von Descartes bis zu Marx und Dostojewski, Hamburg 1989, S. 6f. Im Folgenden: LAUTH, Transzendentale Entwicklungslinien.
[9]Meditationes (Synopsis), S. 53.
[10]JASPERS, K., Descartes und die Philosophie, Berlin 1948, S.15f. Im Folgenden kurz: JASPERS.
[11]Vgl. OEING-HANHOFF, S. 45f.
[12] Meditationes (I), S. 65.
[13]Vgl. Meditationes (I), S.67.
[14] Meditationes (I), S. 73.

Scheitern des Zweifels. Er zweifelt, weil er "von den ersten Grundlagen an ganz neu anfangen" will und muss, um "später einmal etwas Festes und Bleibendes in den Wissenschaften"[15] zu errichten. Bestimmend für Descartes ist der unbedingte Wille zur Wahrheit, die er klar und deutlich erkennen möchte. Denn erst das Unbezweifelbare ist für ihn das evident Wahre, auf das er anschließend aufbauen kann. Und indem er alles bezweifelt, gelangt er zur ersten Gewissheit, zur unbezweifelbaren Erkenntnis seiner Selbst und kann, nachdem er "alles genug und übergenug erwogen" hat, die eingangs bereits erwähnten Worte gebrauchen: "Ego sum, ego existo". Dieser Satz muss nach Descartes notwendig wahr sein.[16]

2.1 Das „res cogitans"

Zu beachten ist, dass bei Descartes hinsichtlich des Wortes "ich" drei Bedeutungen voneinander zu unterscheiden sind: Erstens kann es die eigene Seele, den eigenen Geist meinen, zweitens den eigenen Körper und drittens die Vereinigung von eigenem Geist und Körper. Das Letztgenannte bezeichnet Descartes mit dem Begriff "Person", während er den Ausdruck "das Ich", also die substantivierte Form, nur verwendet, wenn er sich auf das Erstgenannte bezieht.[17] Und dieses Ich ist das, dessen Existenz durch das "cogito" bewiesen wird und somit gewiss ist.

Nachdem Descartes diese Gewissheit erreicht hat, fährt er in seinen Überlegungen fort: "Ich bin mir aber noch nicht hinreichend klar darüber, wer denn Ich bin - jener Ich, der notwendigerweise ist. Ich muß mich von nun an in acht nehmen, daß ich nicht etwa unvorsichtig etwas anderes für mich selbst halte […]."[18] Nachdem er alles ausgeschlossen hat, was nicht in Frage kommt, gelangt er zu dem Ergebnis, dass nur noch das Denken (cogitare) übrig bleibt. Denn es ist gewiss "Ich bin, Ich existiere, [...]solange ich denke […]." Also "bin ich genaugenommen lediglich ein denkendes Ding" (res cogitans).[19] Und er fragt weiter: "Ein denkendes Ding. Was ist das? - Ein Ding, das zweifelt, einsieht, bejaht, verneint, will, nicht will, das auch bildlich vorstellt und empfindet."[20] Denken heißt für Descartes vor allem Bewusst-sein (conscium esse, conscientia), wobei noch

---

[15]Meditationes (I), S. 63.
[16]Vgl. Meditationes (II), S. 79.
[17]Vgl. KEMMERLING, A., Ideen des Ichs. Studien zu Descartes' Philosophie, Frankfurt 1996, S. 102. Im Folgenden: KEMMERLING, Ideen des Ichs.
[18]Meditationes (II), S. 79.
[19]Meditationes (II), S. 83.
[20]Meditationes (II), S. 87.

differenziert werden muss, was das genau bedeutet. Das Denken ist selbstbezüglich, und zwar in der Form: Ich bin mir bewusst, dass ich es bin, der da denkt.[21] Das Ich ist gleichzeitig Denkendes und Gedachtes, also Subjekt und Objekt zugleich.

Merkmale der *res cogitans* sind ihr Nicht-Ausgedehnt-Sein und ihre daraus folgende Unteilbarkeit. Da Descartes die Begriffe Geist (*mens*), Seele (*animus*), Verstand (*intellectus*) und Vernunft (*ratio*) synonym zum Begriff der *res cogitans* gebraucht[22], erstere mit letzterem identifiziert, und dies zusätzlich durch die entsprechenden, oben genannten Beispiele verstärkt, entsteht zunächst der Eindruck, als habe eine Bedeutungsverschiebung des traditionellen Verständnisses dieser Begriffe stattgefunden: Denken sei nicht mehr das "reine" Denken im Gegensatz zur sinnlichen Wahrnehmung und zu den Affekten, sondern nunmehr "das Bewußtsein in seiner Gesamtheit".[23] Coreth und Schöndorf sind der Meinung, diese Interpretation sei "voreilig". Für Descartes umfasse Denken (*cogitare*) zwar im weiteren Sinn alle Bewusstseinsgegebenheiten, die *res cogitans* im engeren Sinn sei aber nur durch "diejenigen Fähigkeiten gekennzeichnet, die mein theoretisches und praktisches [...] Selbstbewußtsein [...] ausmachen", das heißt vernünftiges Erkennen und freies Wollen.[24] Zum Einen wird das daran deutlich, dass der Geist höher gestellt ist als die Materie.[25] Zum anderen sind das bildliche Vorstellen und das Empfinden für das Erfassen meines eigenen geistigen Wesens nicht notwendig.[26]

Im Unterschied zur *res cogitans* sieht Descartes die *res extensa*, das ausgedehnte, nicht denkende Ding. Dazu zählt Descartes alle körperlichen, teilbaren Dinge: "Unter Körper verstehe ich alles, was durch eine Gestalt begrenzt und durch seinen Ort umschrieben werden kann; was seinen Raum so erfüllt, daß es von ihm jeden andern Körper ausschließt [...]."[27] An dieser Definition lässt sich eine klare Abgrenzung zwischen Geist und Materie erkennen, die schließlich auch grundlegend ist für Descartes' Verständnis des Verhältnisses von Leib und Seele.

---

[21]Vgl. ebd
[22]Vgl. Meditationes (II), S. 83.
[23]Vgl. CORETH, E. UND SCHÖNDORF, H., Philosophie des 17. und 18. Jahrhunderts, Stuttgart 2000, S. 43f. Im Folgenden: CORETH.
[24]Vgl. ebd.
[25]Vgl. Meditationes (III), S. 119ff.
[26]Vgl. Meditationes (VI), S. 189ff.
[27]Vgl. dazu auch ebd. Ansonsten: Meditationes, S. 81.

2.2 Die Bedeutung vom „Sein"

Zu der Frage, was Descartes unter „Sein" versteht, sagt Karl Jaspers, dass sich der Sinn der Gewissheit des Seins bei Descartes auf das Sein des "cogito" beziehe und dass er sich die Frage nach dem "Sein" gar nicht stelle. Den Sinn von Sein "in seiner Aussage *cogito ergo sum* macht er [...] nicht zur Frage. Sein ist ihm fraglos selbstverständlich und wird ihm unwillkürlich bald zum bloßen Dasein des *cogito*." Descartes blicke weder in den "Abgrund des Ichseins" noch verwirkliche er das "unbedingte Sein als Maßstab". So gleite er aus der Gewissheit des "cogito ergo sum" in ein Wissen von dem Sein des Denkens als der "res cogitans" im Unterschied von der "res extensa".[28] Ob und wenn ja, inwieweit diese Beurteilung Descartes' durch Jaspers zutrifft, wird im Folgenden zu prüfen sein.

C. Link ist der Ansicht, dass Descartes behauptet: "Aus dem Bewußtsein muß mit Evidenz das Sein selbst hervorgehen."[29] Es stelle sich dann die Frage, wie die Gewissheit des "ich-bin" aus der Gewissheit des "ich-denke" hervorgehe. Link schreibt weiter, dass das einzelne Ich im "ich-denke" nur seiner selbst gewiss sei. Die Gewissheit des "ich-bin" verbürge aber die Allgemeinheit und Notwendigkeit. Das "sum" bilde so eine "Brücke" zwischen dem Einzelnen und dem Allgemeinen. Zum Einen seien Denken und Ich identisch. Zum Anderen habe Descartes Denken und Sein als unmittelbar identisch erkannt. Das Ich würde dann nur als denkend, in denkender Weise existieren: "Cogitans sum" und die Dinge würden so zu Phänomenen des Bewusstseins, das heißt, dass sie nur im Bewusstsein existieren. Dadurch erfolge "der Entzug der selbständigen Grundlage", der "gleichsam der Entzug des Subjektes" sei.[30]

Zuzustimmen ist Jaspers sicher, wenn er sagt, Descartes habe nicht nach dem "Sein" an sich gefragt, so, wie manche Philosophen dies vielleicht in späterer Zeit getan haben. Aber man kann sicher nicht sagen, dass es ihm nur um das Sein des "cogito" gegangen wäre und dass er gemeint habe, das Ich existiere nur in denkender Weise, genauso wenig wie die Annahme, dass die Dinge für ihn nur ihm Bewusstsein existent gewesen seien. Verwiesen sei hier unter anderem auf die sechste Meditation, deren Überschrift mit den Worten "Vom Dasein der materiellen Dinge [...]" beginnt.[31] Einige Aspekte der angedeuteten, sehr komplexen und umgreifenden Problematik im Verhältnis von Denken und Sein - bei

---

[28]Vgl. JASPERS, S. 13ff.
[29]LINK, C., Subjektivität und Wahrheit. Die Grundlegung der neuzeitlichen Metaphysik durch Descartes, Stuttgart 1978, S. 119. Im Folgenden abgekürzt: LINK, Subjektivität und Wahrheit.
[30] Vgl. LINK, Subjektivität und Wahrheit, S. 120f., 122f. und S. 141.
[31]Vgl. Meditationes (VI), S. 177.

Descartes bilden beide zusammen eine "denknotwendige" Einheit, ohne deswegen gleich einfach identisch zu sein - klären sich im weiteren Fortgang der Überlegungen, auf andere soll an dieser Stelle nicht ausführlicher eingegangen werden, da dies den Rahmen dieser Arbeit sprengen würde.[32]

2.3 Zur ersten Gewissheit

Es kommt die Frage auf, ob die erste Gewissheit, die Gewissheit der eigenen Existenz wirklich so unbezweifelbar ist. Oder anders formuliert: Ist die eigene Existenz bezweifelbar?[33] Nachdem Descartes in der zweiten Meditation von der Gewissheit der eigenen Existenz als der gewissesten und evidentesten aller Erkenntnisse ("quam omnium certissimam evidentissimamque")[34] gesprochen hat, lässt er selbst im weiteren Verlauf der "Meditationes", nämlich am Anfang der dritten Meditation, einen, wenn auch schwachen, Zweifel zu. Dieser Zweifel schließt augenscheinlich auch das "Ego sum, ego existo" mit ein. Descartes fragt sich, ob die Dinge, derer er sich im höchsten Grade gewiss ist, auch ganz sicher wahr sind. Aber "wie kann ich an meiner Existenz zweifeln, wo ich mir ihrer doch im höchsten Maße gewiß bin?"[35] Kemmerling schlägt vor, zur Lösung dieses Problems zwei Arten des Zweifels zu unterscheiden: Auf der einen Seite steht der unmittelbare Zweifel, der in Bezug auf die eigene Existenz unmöglich ist. Denn an meiner Existenz kann ich nicht zweifeln, "wenn ich in einer bestimmten Weise an sie denke", zum Beispiel eben in der Form des Gedankens "Ego sum, ego existo". Um nämlich "unmittelbaren Zweifel an der eigenen Existenz zu hegen, müßte der Denker denken können, daß er existiert, ohne dabei von der Wahrheit dessen, was er denkt, überzeugt zu sein"[36], was aber nicht möglich ist. Auf der anderen Seite gibt es jedoch einen mittelbaren Zweifel. Das heißt, ich kann an meiner Existenz in einer gewissen Form zweifeln, wenn ich nicht ausdrücklich, unmittelbar, an sie denke, sie aber "in anderer Weise gedanklich thematisiere". Diese Möglichkeit eines Zweifels, dieser indirekte, metaphysische Zweifel besteht, solange die Existenz eines Betrüger-Gottes, der mich auch in meinen sehr klaren und deutlichen Gedanken täuschen kann, nicht widerlegt und damit der "Große Zweifel"

---

[32]Zu dieser Thematik vgl. u. a. auch LAUTH, Descartes' Konzeption, S. 105ff. und S. 175 - 179.
[33]Vgl. KEMMERLING, A., Die Bezweifelbarkeit der eigenen Existenz, in: Kemmerling, A. Und Schütt, H.-P. (Hg.), Descartes nachgedacht, Frankfurt 1996, S. 80 - 122, hier S. 85. Im Folgenden: KEMMERLING, Bezweifelbarkeit.
[34]Meditationes (II), S. 78.
[35]KEMMERLING, Bezweifelbarkeit, S. 94.
[36]Ebd., S.100

noch nicht entscheidend überwunden ist. Denn die Gewissheit des "Ego sum, ego existo" ist zwar intensiv, aber ohne Aufweis Gottes flüchtig: "Jeder Gedanke vor dem Gottesbeweis ist nur momentan gewiß, nur für den Moment seines Gedachtwerdens." Die erste Gewißheit ist unbezweifelbar, solange sie gedacht wird (Meditatio II), grundlegend unbezweifelbar wird sie dann durch die Feststellung, daß kein Betrüger-Gott existiert, was auch den letzten Rest eines metaphysischen Zweifels ausräumt (Meditatio III).[37]

3 Interpretationen

Ob Syllogismus oder Zirkelschluss, ob Deduktion oder Intuition - Descartes' "Cogito, ergo sum" ist in zahlreiche, voneinander oft sehr abweichende, zum Teil entgegengesetzte Richtungen interpretiert und gedeutet worden. "Mit alldem ist Descartes der große Anreger für die kommende Philosophie, in ihren metaphysischen Entwürfen ebenso wie in ihren aufklärerischen Tendenzen [...] So steht er seltsam zwielichtig vor unseren Augen."[38] Problematisch stellt sich unter anderem die Verknüpfung von "cogito" und "sum" durch das "ergo" dar, da es den Anschein eines formalen, logischen Schlusses erweckt. Thomas Hobbes beispielsweise vertrat die Auffassung, es handle sich um einen Syllogismus.

Dem widerspricht Descartes in einem direkten Einwand gegenüber Hobbes. Er lehnt die syllogistische Auffassung ab, denn sie müßte einen syllogistischen Obersatz, etwa in der Art "Alles, was denkt, ist oder existiert", implizit voraussetzen, was aber nicht der Fall sei.[39] Ein anderer Streitpunkt war lange Zeit (und ist vielleicht noch) die Frage, ob das "Cogito, ergo sum" intuitive Einsicht oder Deduktion sei. Oeing-Hanhoff ist der Ansicht, dass beides einander nicht ausschließe und sowohl von Intuition als auch von Deduktion geredet werden könne. Viel wichtiger sei seiner Meinung nach die Frage, in welcher Weise Descartes induktiv vorgeht, das heißt, wie er "von der Erfahrung der individuellen Existenz zu allgemeinen Axiomen, vom Besonderen zum Allgemeinen" gelange.[40]

Obwohl ihm die Gewissheit des "Cogito, ergo sum" als "leer" erscheint, gibt Karl Jaspers Descartes erst einmal in einer grundlegenden Hinsicht recht, um ihn jedoch gleich danach wieder zu kritisieren: "Der Schritt aus allem Zweifel *zum cogito ergo sum* ist, wenn

---

[37] KEMMERLING, Bezweifelbarkeit, S. 105. Vgl. auch KEMMERLING, Bezweifelbarkeit, S. 101ff. und 104ff.
[38] WEISCHEDEL, W., Descartes oder Der Philosoph hinter der Maske, in: ders., Die philosophische Hintertreppe. Die großen Philosophen in Alltag und Denken, München 1999, S.123 Im Folgenden: WEISCHEDEL.
[39]Vgl. LINK, Subjektivität und Wahrheit, S. 123f.
[40]Vgl. OEING-HANHOFF, S. 55

letzteres auch einen so unbestimmten und vieldeutigen Inhalt hat, doch unbestreitbar. [...] Er ist für den Verstand, sofern er nur nach zwingender Argumentation fragt, in seiner Unbestimmtheit doch richtig." Aber von der so gewonnenen Gewissheit führe kein Weg weiter, da sie auf einem aus der Negation heraus entstandenem Gedankengang beruhe. Ein negativer Ursprung finde aber nie zu einer positiven Bestimmung.[41] Auf diese Überlegung, überhaupt auf das Verhältnis von Selbstgewissheit und Gottesgewissheit bei Descartes werde ich in meinem letzten Teil dieser Arbeit noch einmal zu sprechen kommen,

4 Fazit

An dieser Stelle soll in knapper Form eine Zusammenfassung der wesentlichen Punkte und eine Bewertung des bisher Gesagten erfolgen: Das "(Ego) cogito, ergo sum" bringt also zum Ausdruck, daß "jeder Akt des Denkens, und das heißt des Bewußtseins, die Gewißheit der eigenen Existenz einschließt". Dabei handelt es sich wohl um eine unmittelbare Einsicht (Intuition), bei welcher "der allgemeine Grundsatz mitentdeckt"[42] wird. Das "Cogito, ergo sum" steht für die Einsicht in die notwendige Verknüpfung von "aktuellem Denken" und "substantieller Existenz". Es lässt sich aber durchaus auch von einer deduzierten Folgerung, von einer Deduktion, sprechen. Man kann zwar "aus Wesenheiten und deren notwendiger Verknüpfung" keine faktische Existenz ableiten, aber aus dem Gegensatz von Sein und Nichtsein heraus und davon ausgehend, dass das Nichts "keine Affektionen oder Qualitäten", wie beispielsweise Zweifeln oder Negieren, hat, komme ich ebenso zur "Urgewißheit" des "Cogito, ergo sum".[43] Plausibel und fundiert erscheint auch die Auslegung des "Cogito, ergo sum" von Kemmerling durch die strukturelle Übertragung in den Satz "Der Denker dieses Gedankenvorkommnisses [hat diesen Gedanken und] existiert [also]", obwohl er selbst seine Form der reflexiven Deutung und den Gegenstand, auf den sie sich bezieht, an dieser Stelle nicht bewerten will.[44] "Solange und sooft ich aber zweifle oder denke, bin ich auch. Von diesem Punkt der Entfaltung der begriffenen Grunderfahrung her muß man sagen: cogito, ergo sum, [...] ich denke, also ich bin."[45]

Schwierig bleibt jedoch die strikte Entgegensetzung, beziehungsweise Trennung von Geist

---

[41]Vgl. JASPERS, S. 10 - 15 sowie S. 17ff.
[42]CORETH, S. 42.
[43]Vgl. OEING-HANHOFF, S. 55.
[44]Vgl. KEMMERLING, A., Ideen des Ichs, S. 98f.
[45]OEING-HANHOFF, S. 55.

und Materie mit dem daraus folgenden Dualismus von Leib und Seele. Dieser erfährt zwar bei Descartes noch nicht eine ganz so extreme Ausprägung, aber er bietet zumindest die Möglichkeit und die Grundlage für einen solchen Ansatz. Obwohl er, was nicht übersehen werden darf, an einigen, nicht weiter ausgeführten Stellen, die enge Verbindung von Leib (Körper) und Seele betont.[46]

Das Problem, die Einheit von Leib und Seele zu denken, beschäftigt ihn aber nicht weitergehend. Im Zusammenhang mit dem Begriff der Person müßte diese Thematik sicher näher erörtert werden. Es besteht die Gefahr, daß ein ausschließlich im Bewußtsein lebendes Ich den Kontakt mit den Dingen verliert und nicht als der konkrete Mensch in seiner konkreten Welt gesehen wird. Aus heutiger Sicht kritisch anzumerken ist auch, dass der Gedanke des Anderen, des "Du", bei Descartes nicht vorkommt, dass also ein interpersonaler Ansatz fehlt.

5 Gottesgewissheit

Abschließend sind noch ein paar Bemerkungen zum Verhältnis von Selbstgewissheit und Gottesgewissheit bei Descartes notwendig, um das Argument "Cogito, ergo sum", die erste Gewissheit, in den richtigen Zusammenhang zu stellen und um diese überhaupt in ihrem ganzen Sinn erfassen zu können. Wiederum soll auf Jaspers zurückgegriffen werden, der sagt, dass Gott beziehungsweise "eine Gottheit" für Descartes "nichts ist als die Sicherungsfunktion eines Wahrheitskriteriums" und darum "unbestimmt und leer". Er füge Gott in seine Überlegungen ein, "nicht [...] als die Fülle des Seins, [...] sondern als den bloßen Gottesgedanken, als einen bewiesenen Gott, der im weiteren Gang der Gedanken aus dem Spiel bleiben kann [...]".[47] Dem ist zu entgegnen, dass die erste Gewissheit erst voll verständlich wird, erst ganz ihren Sinn erhält, wenn sie in Bezug auf die zweite Gewissheit, das Argument "Sum, ergo Deus est" ("Ich bin, also ist Gott.") betrachtet wird. Mit dem ersten Argument ist die Wahrheit noch nicht voll und ganz erreicht. Die Möglichkeit des Zweifelns, das "ich zweifle" zeigt die Kontingenz des Menschen auf, die wiederum auf Gott verweist.[48] Descartes ist der Ansicht, dass die Idee (*idea*), die "Vorstellung eines vollkommensten und unendlichen Seienden", die sich im Menschen findet, nicht aus diesem selbst als unvollkommenem Wesen hervorgehen kann. Der

---

[46]Vgl. zum Beispiel Meditationes (VI), S. 189. Vgl. auch LAUTH, Descartes' Konzeption, S. 160 - 179.
[47]JASPERS, S. 19.
[48]Vgl. LAUTH, Transzendentale Entwicklungslinien, S. 10.

Mensch muss sie vielmehr von dem vollkommensten Seienden, das allein Urheber der Idee des Vollkommensten sein kann, erhalten haben. Das heißt: Gott als der Ursprung der Idee Gottes im Menschen muss notwendig existieren.[49] "Wenn aber Gott vollkommen ist, dann kann er den Menschen auch nicht grundlegend in die Unwahrheit versetzt haben. Dann ist Gott kein Betrüger, sondern muß die reine Wahrheit sein."[50] Somit ist auch das gewichtige Argument des den Menschen täuschenden Gottes entkräftet und der daraus entstandene Zweifel behoben.

Selbstgewissheit und Gottesgewissheit sind also eng miteinander verknüpft, sie gehören untrennbar zusammen. Alles andere wäre eine unzulässige Verkürzung der Descartes'schen Philosophie und würde "den gesamten Sinn dieser Philosophie" zerstören. "Denn Gott ist das Gewölbtsein diesen ganzen Ansatzes, in Gott erst kommt das Erkennen zu sich selbst […]."[51] In Gott aber stößt das Erkennen auch an seine Grenze, hier wird die menschliche Erkenntnis, die menschliche Vernunft in die Schranken gewiesen. Und so findet sich in den "Meditationes" sogar, vielleicht beim ersten Eindruck ein wenig ungewöhnlich, eine Stelle, an der Descartes in seinen Überlegungen innehält, um "noch ein wenig bei der Betrachtung Gottes [zu] verweilen"[52], an der aus den "Meditationes" wirklich eine "Meditatio" im geistlichen Sinn wird.

Descartes bietet letztlich in seinen "Meditationes" eine beeindruckende Grundlegung seiner

Metaphysik, indem er den philosophischen, den metaphysischen Fragen nachgeht, die sich ihm stellen, und das heißt sowohl der Frage nach dem Menschen als auch der Frage nach Gott. Ein Werk mit neuen Perspektiven, mit neuen Ansätzen - sicher, aber auch nicht ganz auf die Tradition verzichtend. Begründer der neuzeitlichen Philosophie - vielleicht, auf jeden Fall Ausgangspunkt für sehr verschiedene, teilweise einander widersprechende philosophische Entwicklungen und Strömungen in der Folgezeit. Auf diese Weise ist natürlich nach Descartes keine Ruhe in die Metaphysik eingekehrt, wie er sich das vielleicht sogar erhofft hatte.[53]

---

[49]Vgl. Meditationes (III), S. 123ff. und S. 133ff.
[50]WEISCHEDEL, S. 123.
[51]LAUTH, Transzendentale Entwicklungslinien, S. 12.
[52]Meditationes (III), S. 135.
[53]Vgl. Einleitung von G. Schmidt in: Meditationes, S. 15.

6 Quellenangaben

CORETH, E. UND SCHÖNDORF, H., Philosophie des 17. und 18. Jahrhunderts, Stuttgart 2000.

DESCARTES, R., Meditationes de Prima Philosophia. Meditationen über die Erste Philosophie, Lateinisch - Deutsch, übersetzt u. herausgegeben v. G. Schmidt, Stuttgart 1986.

DERS., Discours de la Méthode, in: Adam, C. und Tannery, P. (Hg.), Oeuvres de Descartes, Bd. VI, Paris 1902.

JASPERS, K., Descartes und die Philosophie, Berlin 1948.

KEMMERLING, A. UND SCHÜTT, H.-P. (Hg.), Descartes nachgedacht, Frankfurt 1996.

KEMMERLING, A., Ideen des Ichs. Studien zu Descartes' Philosophie, Frankfurt 1996.

LAUTH, R., Transzendentale Entwicklungslinien von Descartes bis zu Marx und Dostojewski, Hamburg 1989.

DERS., Descartes' Konzeption des Systems der Philosophie, in: Holzboog, G. (Hg.), Quaestiones. Themen und Gestalten der Philosophie 12, Stuttgart - Bad Cannstatt 1998.

LINK, C., Subjektivität und Wahrheit. Die Grundlegung der neuzeitlichen Metaphysik durch Descartes, Stuttgart 1978.

OEING-HANHOFF, L., Descartes. Die Neubegründung der Metaphysik, in: Speck, J.(Hg.), Grundprobleme der großen Philosophen. Philosophie der Neuzeit I, Göttingen 1986.

WEISCHEDEL, W., Die philosophische Hintertreppe. Die großen Philosophen in Alltag und Denken, München 1999.

BEI GRIN MACHT SICH IHR WISSEN BEZAHLT

- Wir veröffentlichen Ihre Hausarbeit, Bachelor- und Masterarbeit

- Ihr eigenes eBook und Buch - weltweit in allen wichtigen Shops

- Verdienen Sie an jedem Verkauf

Jetzt bei www.GRIN.com hochladen und kostenlos publizieren